# essentials

*essentials* liefern aktuelles Wissen in konzentrierter Form. Die Essenz dessen, worauf es als „State-of-the-Art" in der gegenwärtigen Fachdiskussion oder in der Praxis ankommt. *essentials* informieren schnell, unkompliziert und verständlich

- als Einführung in ein aktuelles Thema aus Ihrem Fachgebiet
- als Einstieg in ein für Sie noch unbekanntes Themenfeld
- als Einblick, um zum Thema mitreden zu können

Die Bücher in elektronischer und gedruckter Form bringen das Expertenwissen von Springer-Fachautoren kompakt zur Darstellung. Sie sind besonders für die Nutzung als eBook auf Tablet-PCs, eBook-Readern und Smartphones geeignet. *essentials:* Wissensbausteine aus den Wirtschafts-, Sozial- und Geisteswissenschaften, aus Technik und Naturwissenschaften sowie aus Medizin, Psychologie und Gesundheitsberufen. Von renommierten Autoren aller Springer-Verlagsmarken.

Weitere Bände in dieser Reihe http://www.springer.com/series/13088

# Roland Leonhardt

# Klassische Mythologie für Manager

Eine Inspiration für den
Business- und Managementalltag

Roland Leonhardt
Frankfurt am Main, Deutschland

ISSN 2197-6708                    ISSN 2197-6716    (electronic)
essentials
ISBN 978-3-658-16282-5            ISBN 978-3-658-16283-2    (eBook)
DOI 10.1007/978-3-658-16283-2

Die Deutsche Nationalbibliothek verzeichnet diese Publikation in der Deutschen Nationalbiblio-
grafie; detaillierte bibliografische Daten sind im Internet über http://dnb.d-nb.de abrufbar.

Springer Gabler


Gedruckt auf säurefreiem und chlorfrei gebleichtem Papier

Springer Gabler ist Teil von Springer Nature
Die eingetragene Gesellschaft ist Springer Fachmedien Wiesbaden GmbH
Die Anschrift der Gesellschaft ist: Abraham-Lincoln-Str. 46, 65189 Wiesbaden, Germany

# Was Sie in diesem *essential* finden können

- Einstieg für Manager in die antike Gedankenwelt
- Die Mythen werden in Form von Zitaten und Redewendungen gedeutet und nach ihrer Herkunft hinterfragt
- Umsetzbare Tipps und Ratschläge für den Business- und Managementalltag
- Inspiration für die Arbeits- und Lebenswelt von heute
- Einblick in eine andere Epoche

# Einleitung: Was bedeuten die Mythen der Antike für das Management von heute?

Vielen von uns ist die griechisch-römische Mythologie, sind die Dramen und Tragödien der großen antiken Dichter wie Aischylos, Sophokles und Euripides noch aus der Schule bekannt. Und wer würde sich nicht an den Kampf um Troja, an die Göttergestalten Zeus, Apollon und Herkules erinnern. Gewaltig sind auch die großen Tragödien, die jedem Bildungsbeflissenen bekannt sind und die auch heute noch auf vielen Bühnen gespielt werden: König Ödipus und Antigone von Sophokles, Medea von Euripides, die Orestie von Aischylos. Daneben beeindrucken die Titanen und Giganten, die es nicht nur in der Wirtschaft, sondern auch schon in der Antike gegeben hat. Sogar ein Ozeanriese namens *Titanic* trug jenen Mythos von Stärke und Unsinkbarkeit fort, bis auch er in die Tiefe des Meeres gerissen wurde. Titanen und Giganten sind eben doch nicht unbesiegbar und unsterblich. Auf große Fahrt durch die Welt der Mythen hat uns Homer mitgenommen: die Odyssee wird ihm zugeschrieben und gilt seitdem als eines der bedeutendsten Werke der hellenischen Dichtkunst. In den Reiseberichten Homers werden uns Landschaften, Völker und Meere der Mittelmeerwelt nahegebracht. Nicht zu vergessen die großen Kaiser und Herrscher aus jener Zeit wie Marc Aurel, Kaiser Augustus, Cäsar und Nero. Leider hatten nicht alle Kaiser einen guten Ruf, und so wurden die Namen Nero und Cäsar gleichermaßen bewundert wie gefürchtet. Doch gibt es auch heute zahlreiche Spuren aus der griechisch-römischen Mythologie. So wurde das Raumfahrtprogramm der NASA nach dem Gott der Jugend, der Musik, der Weissagung, des Bogenschießens und der Heilkunst benannt: Apollo. Selbst in der Sportartikelwelt tritt die Göttin Nike in Erscheinung und begeistert damit nicht nur Langläufer mit gutem Durchhaltevermögen. Der Markenname Nike ist zudem gut gewählt, ist sie doch die Göttin des Sieges. Nike war schon damals eine ständige Begleiterin von Zeus, der als Herrscher über die olympischen

Götter fungierte. Da wäre dann noch der Online-Händler Amazon zu nennen, benannt nach dem kriegerischen Stamm der Amazonen. Amazon will zwar an die Welt keine Kriegserklärung aussprechen, aber doch an die Kühnheit, Verwegenheit und Tapferkeit jener Frauen erinnern, die es mit den Griechen aufgenommen hatten. Friedlicher verhält es sich dagegen mit dem römischen Gott Merkur, der als Namensgeber für diverse Zeitungen zeichnet. Er ist übrigens auch der Gott der Kaufleute. Die Römer haben Merkur mit dem griechischen Gott Hermes gleichgesetzt und damit einen unnötigen Streit der beiden Weltkulturen verhindert. Übrigens dient der Name Hermes als Markenname des gleichnamigen Paketzustellers, was daran liegt, dass Hermes als Schutzgott des Verkehrs gilt. Gesundheitsbewusste Kunden wollen auf Demeter-Qualität nicht verzichten und vertrauen bei ihrem Einkauf (vorzugsweise in Bioläden) auf die Göttin der Fruchtbarkeit Demeter. Die alte Göttin Demeter ist zugleich auch Göttin des Getreides und der Erde, bringt also beste Voraussetzungen für unser Wohlbefinden mit. Wie man an diesen Beispielen sehen kann, ist die Antike vielerorts präsent. Manche Manager lieben das Abenteuer, das Heroische und Heldenhafte, auch davon können die Mythen viel erzählen. Der Ausspruch „Ich kam, ich sah, ich siegte" geht auf Julius Cäsar zurück. Wer würde ihn nicht gerne selber in den Mund nehmen wollen? Aber an welcher Stelle, zu welcher Zeit und unter welchen Bedingungen sagte er dies? Woher kommt der Ratschlag „Die Gelegenheit beim Schopf fassen" – geht dies etwa auf den griechischen Gott der günstigen Gelegenheit, Kairos, zurück? Er trug jedenfalls in den zahllosen Darstellungen lockige Haare. Und was hat es mit dem gordischen Knoten auf sich, den zu lösen Manager oft verzweifeln lässt? Von diesen und anderen Mythen wird in diesem essential erzählt. Umsetzbare Tipps und Ratschläge für den Business- und Managementalltag schließen die jeweiligen Deutungen der antiken Zitate und Redewendungen ab. Es wird deutlich, dass die Mythen der antiken Welt mehr sind als nur wundersame Erzählungen. Aus ihrem Stoff lassen sich ganz aktuell Bezüge zur heutigen Lebens- und Arbeitswelt herleiten. Den Leser erwartet somit eine vergnügliche, spannende und wissenswerte Reise durch die Welt der Antike.

# Inhaltsverzeichnis

# Management: führen + gestalten

1

## 1.1 Ich kam, ich sah, ich siegte

*Julius Cäsar soll diesen Ausspruch gegenüber seinem Freund Amicitius geäußert haben.*

Zugegeben: Blitzsiege in der Wirtschaft sind selten. Vielmehr ist anstrengende und ausdauernde Arbeit, harter Wettbewerb und cleveres Business notwendig, um auf dem Markt zu bestehen. Da hatte es Gaius Julius Cäsar etwas einfacher, er war bekannt für seine Blitzsiege. So konnte er ruhig mit den lateinischen Worten *veni, vidi, vici* angeben und auf seinen Blitzsieg über Pharnakas II im Jahre 47 v. Chr. verweisen. Was war geschehen? Kaum angekommen, hatte Cäsar die Lage schnell erfasst und die richtigen Entscheidungen getroffen. Das führte zum Sieg. Auch für Strategen von heute gilt: Zu langes Zögern macht den Sieg eher unwahrscheinlich.

▶ **Tipps und Ratschläge**

- Neue Märkte erschließen
- Pionierarbeit leisten
- Überzeugungsarbeit leisten
- Dynamische und zielsichere Vorgehensweise
- Selbstsicheres Auftreten und persönliche Ausstrahlung führen zum Erfolg

© Springer Fachmedien Wiesbaden GmbH 2017
R. Leonhardt, *Klassische Mythologie für Manager*, essentials,
DOI 10.1007/978-3-658-16283-2_1

## 1.2    Sturm im Wasserglas

*Es ist nicht ganz klar, ob das Zitat von Cicero oder Montesquieu stammt.*

Man weiß es nicht so genau, ob der französische Schriftsteller Montesquieu oder der römische Politiker Cicero Urheber dieses Zitats ist. Es müssen wohl nichtige und belanglose Dinge gewesen sein, die zu dieser Umschreibung geführt haben. So soll es in der kleinen Republik San Marino Unruhen gegeben haben, die Montesquieu zu dieser Formulierung veranlassten. Im Grunde kein Staatsstreich, aber doch eine Meldung, die in Frankreich für großes Aufsehen sorgte. Ähnliches muss wohl auch Cicero zu Ohren gekommen sein, denn in der Antike gab es heikle Situationen und politische Umwälzungen, die zwar nicht die antike Welt erschütterten, aber große Aufregung verursachten. Im Geschäftsleben kennen wir solche Nachrichten und Gerüchte auch. Sie sorgen für Wirbel und Aufregung, haben aber eher einen belanglosen und nichtigen Hintergrund. Jedoch sollte man die Wirkung solcher Nachrichten nicht unterschätzen, sie können negative Folgen für die Geschäftswelt haben.

▶   **Tipps und Ratschläge**

- Große Aufregung um nichtige und belanglose Dinge
- Sie können positive, aber auch geschäftsschädigende Auswirkungen haben
- Den Sachverhalt nüchtern prüfen und abwägen
- Gelassenheit und Ruhe bewahren

## 1.3    Besser spät als gar nicht

*Zitat aus der „Römischen Geschichte" von Titus Livius („Ab urbe condita").*

Der Satz von Michail Gorbatschow „Wer zu spät kommt, den bestraft das Leben", ist hier ausnahmsweise außer Kraft gesetzt. Das Gegenteil ist gemeint: Es gibt kein „zu spät"! Immer gibt es noch die Chance einer Revision, einer Umkehr, einer Wende. Von Titus Livius, einem römischen Geschichtsschreiber, stammt vermutlich diese Einsicht. In seiner römischen Geschichte „Ab urbe condita" finden wir einen Beleg dazu. Inzwischen hat sich diese Redensart eingebürgert. Sie ist zum geflügelten Wort geworden. Obwohl Manager das Zitat nicht häufig im Munde führen, wissen sie, welche Bedeutung es hat. Entscheidungen werden hinausgeschoben oder fallen in allerletzter Minute. Das ist ärgerlich und nervenaufreibend. Doch immerhin fällt eine Entscheidung. Es wird sich herausstellen, ob es die richtige war.

▶   **Tipps und Ratschläge**

- Wenn Entscheidungen in letzter Minute fallen
- Kurzfristige Entscheidungen und Entschlüsse können auch eine positive Wirkung haben
- Die Chance einer Umkehr, Revision oder Wende nutzen

## 1.4   Ich weiß, dass ich nichts weiß

*Das Zitat stammt aus der „Verteidigungsrede" des Sokrates und wurde von dem Philosophen Platon überliefert.*

Verteidigung ist manchmal besser als Angriff, vor allem dann, wenn man sich nicht sicher ist, ob die Antwort auch stimmt, die man zu geben vermag. Treten Zweifel auf, sollte man lieber auf eine Antwort verzichten. Wer will sich schon blamieren? Apropos Verteidigung. Das Zitat stammt aus der berühmten „Verteidigungsrede" von Sokrates, die uns Platon überliefert hat. Zwei Philosophen können nicht irren, und so sollte man zumindest darüber nachsinnen. Es ist jedenfalls keine Schande, wenn man etwas nicht weiß. Denn einer allein kann nicht alles wissen. Und so gibt man sich auch keine Blöße, wenn man offen gesteht, die Frage nicht beantworten zu können. Experten zu befragen und kompetenten Rat einzuholen ist deshalb selbstverständlich. In unserer komplexen Welt bergen vorschnelle Antworten immer eine Gefahr. Denn Wissen von gestern ist heute vielleicht schon wieder veraltet. Man ist also gut beraten, wenn man nicht den Allwissenden spielt.

▶   **Tipps und Ratschläge**

- Vorschnelle Antworten vermeiden
- Wissen von gestern ist vielleicht heute schon wieder veraltet
- Treten Zweifel bei der Beantwortung einer Frage auf, lieber auf eine Antwort verzichten
- Rat bei Sachverständigen und Experten einholen

## 1.5 Wissen, wo der Schuh drückt

*Dieses Zitat geht auf den griechischen Schriftsteller Plutarch zurück.*

Zugegeben, nicht immer wird sofort erkennbar, wo das Problem liegt, welche Ursachen und Auswirkungen es hat. Wichtig sind daher Informationen, die an den Quellen sitzen, die die Probleme kennen und „wissen, wo der Schuh drückt". Der griechische Schriftsteller Plutarch wusste hingegen von anderen „Schuhproblemen" zu berichten. So erzählt er von einem Römer, der sich von seiner Frau scheiden ließ. Diese Frau war reich und schön. Keiner konnte deshalb verstehen, warum er sich unbedingt von ihr scheiden lassen wollte. Er musste sich nun unangenehmen Fragen und Vorwürfen aussetzen. Um seiner Umwelt zu verdeutlichen, was sie nicht verstehen wollte oder konnte, streckte er ihr einen Schuh entgegen. Der Schuh sei schön und neu, sagte der Römer, doch könne niemand beurteilen, ob er nicht auch drücke, da die anderen ihn ja selbst nicht trügen. Ähnlich sei es mit der Ehe, da könne auch niemand mitreden, da keiner der Männer mit seiner Frau verheiratet sei. Dem wollen wir nichts hinzufügen!

▶ **Tipps und Ratschläge**

- Nach den Ursachen forschen
- Dem Übel auf den Grund gehen
- Nach versteckten Sorgen und Nöten suchen

## 1.6 Es ist noch nicht aller Tage Abend

*Zitat aus dem Werk „Ab urbe condita" des römischen Schriftstellers Titus Livius.*

Jeder hat es schon einmal gehört oder selber in den Mund genommen. Selbst gestandene Manager klammern sich an diesen Grundsatz. Dass der Tag 24 h hat und am Nachmittag noch längst nicht alle Würfel gefallen sind, ist eine Binsenweisheit. Entscheidungen fallen oft in letzter Minute und Sitzungen enden selten kurz vor Mitternacht. So gesehen bewahrheitet sich diese Redensart immer wieder. Der römische Schriftsteller Titus Livius hat dem Makedonenkönig Philipp V. folgende Worte in den Mund gelegt: nondum omnium dierum solem occidisse. Die Übersetzung klingt etwa so: „Noch sei nicht die Sonne aller Tage untergegangen." Später ist daraus jene bekannte Formulierung geworden, die schon viele Menschen vor der Verzweiflung gerettet hat. Der Satz will deutlich machen, dass es nicht zu spät ist und bis zum Abend noch alle Register gezogen werden können. Optimisten werden dem zustimmen!

▶ **Tipps und Ratschläge**

- Nichts unversucht lassen
- Chancen nutzen
- Alle Möglichkeiten ausloten
- Optimistisch in den Tag gehen

## 1.7  Den gordischen Knoten durchhauen

*Zitat aus der griechischen Sagenwelt.*

Was, bitte schön, ist ein gordischer Knoten? Diese Frage stellt sich zuerst, wenn man von dieser Redewendung hört. Auch hier bei diesem Zitat reicht der Faden weit zurück in die Vergangenheit. In einer griechischen Sage wird von den kunstvollen Verknotungen am Wagen des Königs Gordios erzählt. Einem Orakel folgend, soll derjenige die Herrschaft über Kleinasien erlangen, der die Knoten löst. Wie es heißt, habe Alexander der Große mit seinem Schwert die Knoten durchhauen. Nun, heute stehen uns keine Schwerter mehr zur Verfügung, aber festgefahren Situationen und „verknotete Probleme" gibt es in fast allen Arbeitsbereichen. Sie zu lösen, kann auf vielfältige Art geschehen. Manchmal hilft „Brainstorming" weiter. Dabei können Probleme und Schwierigkeiten durchaus spontan und schlagartig gelöst werden. Die zündende Idee, der geniale Einfall, die zufällige Lösung können beim „Brainstorming" blitzartig zum Erfolg führen.

▶ **Tipps und Ratschläge**

- Probleme und Schwierigkeiten gemeinsam lösen (Teamarbeit, Brainstorming)
- Einfache Lösungen bevorzugen
- Experten und Sachverständige einschalten

## 1.8    So viel Köpfe, so viel Sinne

*Diese sprichwörtliche Redensart hat eine lateinische Vorlage bei dem Komödiendichter Terenz und dem Satiriker Horaz.*

Gleich mehrfach taucht diese Redewendung in lateinischen Vorlagen auf. Da kann man es sich aussuchen, welcher Autor einem lieber ist. Fangen wir mit dem Komödiendichter Terenz an. Er meinte, dass es ebenso viele Meinungen wie Menschen gäbe. Recht hat er. Der Satiriker Horaz bezog zwar nicht die Menschheit in seine Überlegungen ein, meinte aber, dass es in vielen Köpfen viele tausend Bestrebungen gibt. Recht hat auch er. Der gefürchtete „Runde Tisch", die endlosen Debatten eines Meetings, sowie die zahlreichen Mitarbeiter- und Abteilungsleiterbesprechungen bringen nicht nur die Köpfe zum Qualmen, sie zerren auch an den Nerven. Denn immer wieder prallen unterschiedliche Meinungen aufeinander, sprudeln verschiedenste Ideen, bahnen sich ungeheure Wortmeldungen wie Lavaströme ihren Weg durch den Sitzungssaal. Hinterher sind dann alle so klug wie vorher und von Einigkeit ist weit und breit nichts in Sicht. Merke: So viele Köpfe, so viel Sinn!

▶    **Tipps und Ratschläge**

- Runde Tische, Meetings und Sitzungen gut vorbereiten
- Themenliste für Mitarbeiter- und Abteilungsleiterbesprechungen erarbeiten
- Ideen und Meinungen erst einmal sammeln und später auswerten

## 1.9    Einer für alle

*Zitat aus dem Epos „Äneis" von Vergil.*

Der wahre Teamgeist zeigt sich erst dann, wenn Gefahr lauert, die Gemeinschaft bedroht und das Boot am Sinken ist. Dann ist der Einzelne bereit, für die Gemeinschaft einzustehen, wie auch die Gemeinschaft für den Einzelnen einzustehen bereit ist. Ein wechselseitiges Spiel, das schon zu Vergils Zeiten (70–19 v. Chr.) als Lehrsatz gelten konnte. In dem Epos „Äneis" bittet Venus bei Neptun um Hilfe, damit die Überfahrt übers Meer gelinge und Äneas sicher den Hafen erreiche. Neptun hält sein Versprechen, prophezeit aber gleichzeitig den Tod einer seiner Gefährten. Herausgekommen ist der schlichte, aber zutreffende Satz „Einer für alle". Manager sind nicht nur Einzelkämpfer, Wesen ohne

Verpflichtung und Gemeinschaftsgefühl, im Gegenteil, sie entwickeln im Team, in der Gemeinschaft oft ungeahnte Stärken und soziale Kompetenz. Denn nicht nur in Krisenzeiten bewährt sich ein schlagkräftiges Team. Unternehmer, die es nicht verstehen, Mitarbeiter für ein Ziel, für eine gemeinsame Sache, eine Vision zu gewinnen, werden am Ende verlieren und allein das Meer überqueren müssen. Möglich, dass sie dabei den sicheren Hafen verfehlen.

▶ **Tipps und Ratschläge**

- Gemeinschaftsgeist entwickeln
- Teamarbeit fördern
- Soziale Kompetenz entwickeln
- Das „Wir-Gefühl" stärken
- Gemeinsame Visionen und Ziele verfolgen

## 1.10  Gefahr im Verzug

*Nach Titus Livius „Ab urbe condita": „cum iam plus in mora periculi" – hieraus bildete sich die Kurzform „periculum in mora".*

Längst gehören die großen Schlachten von einst der Geschichte an. Wie auch immer die Schlachtpläne der Feldherren aussahen, von Rückzug oder Auflösung der Truppen erfahren wir wenig. Meist wird von heroischen Taten und glorreichen Siegen berichtet. Niederlagen werden von den Chronisten ausgespart, verschwiegen oder einfach nur schön gefärbt. Der römische Historiker Livius berichtet uns dagegen von einem Feldherrn, der seinen Truppen befahl sich abzusetzen. Er erkannte, dass die Gefahr in der Verzögerung und im geordneten Abzug der Truppen größer ist als in der Auflösung und Absetzung einzelner Teile. Auf dem Schlachtfeld der Wirtschaft können Verzögerungen und langsame, geordnete Rückzüge ebenfalls großen Schaden anrichten. Da ist es manchmal besser in kleinen unauffälligen Schritten zu agieren.

▶ **Tipps und Ratschläge**

- Die Gefahr rechtzeitig erkennen
- Wenn Verzögerungen und Versäumnisse den Betriebsablauf gefährden, umgehend eingreifen
- Jede Verzögerung kostet Geld

- Für Schadenbegrenzung sorgen
- Krisenstab einberufen und geeignete Maßnahmen einleiten

## 1.11   Das kleinere Übel

*Im Dialog „Protagoras" legt der Philosoph Platon jene Worte Sokrates in den Mund.*

Es finden sich aber auch bei Aristoteles und Cicero Hinweise auf diesen Ausspruch. „Von zwei Übeln wird niemand das größere wählen, wenn er das kleinere wählen kann", so die Worte des Sokrates im Dialog „Protagoras" von Platon. Ob Sokrates die Worte jemals ausgesprochen hat, bleibt ungeklärt. Fakt ist: Wenn keine bessere Alternative vorhanden ist, sollte man das kleinere Übel wählen. Bestenfalls kann damit Schlimmeres vermieden und größerer Schaden abgewendet werden. Das fanden auch Aristoteles und Cicero, die auf ähnlicher Weise argumentierten. Und wie denken Manager darüber? Die Praxis sieht ähnlich aus. Jeden Tag müssen sie Entscheidungen treffen und optimale Ergebnisse erzielen. Nicht immer gelingt es ihnen, das Beste herauszuholen. Oft müssen Kompromisse gemacht und Nachteile in Kauf genommen werden. Da stellt sich dann die Frage nach dem kleineren Übel ganz direkt. Ist die Zielvorgabe eindeutig, ist auch die Entscheidung nicht schwer. Gibt es dagegen noch Spielräume, so ist eine Wahl zu treffen. Anders als Gotthold Ephraim Lessing gehen wir nicht davon aus, dass diese Welt die beste aller Welten ist, sondern richten uns auf kleinere und größere Übel ein.

▶ **Tipps und Ratschläge**

- Alternativen und Spielräume prüfen
- Vorteile und Nachteile abwägen
- Kleinere Übel in Kauf nehmen
- Das Beste herausholen

## 1.12   Die Welt aus den Angeln heben

*Ausspruch von Archimedes.*

Unnütze Kraftmeierei und falsche Selbsteinschätzung können fatale Folgen haben. Wer kennt solche Fälle nicht. Da hat sich ein Kollege verschätzt, dort hat sich ein Team bei der Problemlösung übernommen und das Management hat

Fehlinvestitionen in Millionenhöhe getätigt. Und das alles nur, weil man „die Welt aus den Angeln heben" wollte. Auch Archimedes wollte die Welt aus den Angeln heben und erlitt Schiffbruch. Von ihm stammt schließlich der Ausspruch. Daraus können wir lernen, dass es auf das richtige Gleichgewicht ankommt. Die Balance nicht zu verlieren und mit beiden Beinen auf der Erde zu stehen sollte zu den Grundtugenden eines Managers gehören.

▶ **Tipps und Ratschläge**

- Die Balance nicht verlieren
- Die richtige Wahl der Mittel treffen
- Sich vor falscher Selbsteinschätzung hüten
- Das Machbare im Auge behalten

## 1.13   Allzu straff gespannt, zerspringt der Bogen

*Das Zitat hat seinen Ursprung in der griechischen Antike u. a. bei Sophokles und Herodot. Richtig bekannt wurde es erst durch Schillers Drama „Wilhelm Tell".*

… das kann durchaus der Fall sein, wenn die Anforderungen zu hoch gesteckt sind und die Ziele kaum noch erreicht werden können. Schon die Dichter der griechischen Antike (u. a. Sophokles und Herodot) wussten, wovon sie sprachen. Und so hat dieses Zitat seinen Lauf genommen bis hin zu Schillers Drama „Wilhelm Tell". Dort taucht es an bedeutender Stelle wieder auf, wenn es heißt, „allzu straff gespannt, zerspringt der Bogen." Klar ist, die gesteckten Ziele und Erwartungen müssen erreichbar sein, sonst ist die Anspannung zu groß und der Bogen zerspringt. Dieses Zitat eignet sich gut für Führungskräfte und Teamleiter, die Aufgaben und Ziele festlegen. Sie können darüber nachdenken, ob die Forderungen nicht doch zu hoch sind. Wenn ja, dann besteht die Gefahr der Überforderung und es müssen Alternativen entwickelt werden.

▶ **Tipps und Ratschläge**

- Zielvorgaben müssen erreichbar sein
- Keine überspannten Erwartungen stellen
- Unnötige Vorschriften vermeiden
- Ohne Reglementierungen auskommen

- Regelwerke und Gesetzte den tatsächlichen Erfordernissen anpassen
- Arbeitsdruck verhindern

## 1.14   Gestrenge Herren regieren nicht lange

*Es ist sehr wahrscheinlich, dass diese Redensart auf den römischen Dichter, Philosophen und Politiker Seneca zurückgeht.*

Wer seine Herrschaft auf Einschüchterung und Furcht aufbaut, wer Autorität und Gewalt als Durchsetzungsmittel einsetzt, darf sich nicht wundern, wenn irgendwann Widerstand und Revolte erwachsen. So kann man den Gedanken von Seneca, den er in der Tragödie „Medea" äußert, interpretieren, darin heißt es: „Iniqua numquam regna perpetuo manent" (Ungerechte [Gewalt-]Herrschaft ist nicht von ewiger Dauer). In der Antike war die Versuchung der Machthaber groß, durch Gewalt und Unterdrückung Herrschaft auszuüben. Dies gelang mehr oder weniger für eine gewisse Zeit, aber nicht auf Dauer. Oft genug kam es an den Rändern oder Zentren der mächtigen Reiche zu Unruhen oder Aufständen, die brutal niedergeschlagen wurden. Dann aber regte sich umso mehr der Volkszorn und es kam zum Widerstand. Statthalter wurden abgesetzt und „getreue Herren" ausgewechselt oder liquidiert. Fazit: Allzu streng sollte man als Herrscher nicht auftreten, sonst verliert man noch seine getreuesten Anhänger.

▶   **Tipps und Ratschläge**

- Willkür und autoritäre Führungsstrukturen abbauen
- Flache Hierarchien installieren
- Mitarbeiter an Entscheidungsprozessen beteiligen

## 1.15   Die Hälfte ist mehr als das Ganze

*Zitat aus dem Lehrgedicht „Werke und Tage" des griechischen Dichters Hesiod.*

Nicht immer wird ein Erbe gerecht und angemessen aufgeteilt. Wer hat nicht schon von Erbstreitereien vor Gericht gehört?! Da fühlte sich schon so mancher als Erbe hintergangen, ausgebootet oder ausgetrickst. Jahrelange Auseinandersetzungen um das Erbe sind dann die Folge. Dabei kann schon ein geringer Teil des Erbes mehr erbringen als das Ganze. Diese Erfahrung machte der Autor des eingangs erwähnten Zitates, der Dichter Hesiod. Denn auch sein Bruder Perses klagte vor Gericht auf eine erneute Teilung des väterlichen Erbes. Perses fühlte sich ungerecht und unangemessen berücksichtigt, wollte mehr und bekam auch mehr. Was sich zunächst als Sieg für Perses ausnimmt, wurde bald zu seiner Niederlage. Obwohl Hesiod nun weniger zugesprochen bekam, verwaltete er das Erbe wirtschaftlich erfolgreicher als sein Bruder. Am Ende war er der Sieger, der auf ein größeres Vermögen zurückgreifen konnte. Manchmal ist die Hälfte des Ganzen eben doch mehr. Manager können an diesem Beispiel viel lernen, oder anders ausgedrückt: Weniger ist oft mehr.

▶ **Tipps und Ratschläge**

- Auch mit kleinen Etats gute Ergebnisse erzielen
- Budgets optimal ausschöpfen
- Controlling verbessern

## 1.16   Geschehenes lässt sich nicht ungeschehen machen

*Das Zitat stammt aus der Komödie „Auluaria" des römischen Dichters Plautus. Es gibt aber in etlichen anderen Aussagen der Antike einen ähnlichen Wortlaut.*

In der Komödie interessiert sich der Alte mehr für seinen Goldschatz als für das umtriebige Wesen seiner Tochter. Umso mehr überrascht es ihn als der Freund seiner Tochter dem Alten ein Geständnis ablegt mit den Worten „Factum illud; fieri infectum non potest" („Es ist geschehen und nicht ungeschehen zu machen"). Der Alte fällt aus allen Wolken, behält aber dennoch Haltung, er weiß dass er nichts mehr ändern kann und findet sich mit der Situation ab. Manager machen ähnliche Erfahrungen, denn einmal gefallene Entscheidungen sind oft nicht mehr rückgängig zu machen. Die negativen Folgen müssen – wenn auch widerwillig – akzeptiert werden. Bestenfalls kann man daraus lernen und es in Zukunft besser machen.

▶ **Tipps und Ratschläge**

- Fehlentscheidungen akzeptieren
- Statt zu beklagen den Sachverhalt analysieren und es beim nächsten Mal besser machen

## 1.17   Einen langen Arm haben

*Die Redewendung wird dem römischen Dichter Ovid zugeschrieben.*

Wer hätte nicht gerne einen langen Arm und damit mehr Einfluss und Gestaltungsmöglichkeiten. Dennoch klingt dies in der Überlieferung von Ovid sehr kompliziert. Wie fast immer geht es in den Werken des Dichters um die Liebe. In einer fiktiven Sammlung von Liebesbriefen, die angeblich berühmte Frauen der mystischen Vorzeit geschrieben haben sollen, tauchen die Namen Helena und Paris auf. Ein gewagtes Liebesverhältnis verbindet die beiden. Beide fürchten jedoch um ihr Geheimnis, vor allem soll der König nichts davon erfahren. Helena bleibt daher misstrauisch und ahnt, dass der König vielleicht doch etwas wissen könnte. Sie stellt darum die warnende Frage an Paris, ob er nicht wisse „dass der König lange Arme habe". Die Frage ist berechtigt, denn wie man weiß, verfügen Könige über weitreichende Arme in Form von Informanten, Zuträgern und Spitzeln. Lange Arme brauchen aber auch Manager hin und wieder, um Einfluss zu nehmen oder Schaden abzuwenden.

▶   **Tipps und Ratschläge**

- Aufbau von Kontaktpersonen, die nützlich sein könnten
- Netzwerke knüpfen
- Nach Verbündeten suchen

## 1.18   Sein Schwert in die Waagschale werfen

*Die Redewendung geht auf den römischen Historiker Livius zurück.*

Es waren die Kelten, die im Jahre 387 v. Chr. den Römern eine verheerende Niederlage bereiteten und die Stadt Rom besetzten. Die Römer taten sich schwer mit den Besatzern, sie wollten sie so schnell wie möglichst loswerden. Andererseits fühlten sich auch die Besatzer nicht recht wohl und planten abzuziehen. Allerdings wollte man sich den Abzug teuer bezahlen lassen, so sollte dieser mit Gold „aufgewogen" werden. Bald schon merkten die Römer, dass sie immer mehr Gold auf die Waagschale legen mussten. Sie fanden die falsche Gewichtung überzogen und muckten auf. Das machte den keltischen Heerführer zornig, waren es doch die Römer, die als Besiegte galten und nicht umgekehrt. Demnach sei es ihnen verwehrt, darüber zu bestimmen, was gerecht und angemessen sei. Schließlich schleuderte der keltische Heerführer ihnen die Worte entgegen: „Wehe den

Besiegten!" Dann warf er sein Schwert auf die Waagschale und machte deutlich, dass wohl nicht sie als Verlierer den Preis für den Abzug bestimmen könnten. Wirkungsvoller lässt sich Macht nicht demonstrieren!

▶ **Tipps und Ratschläge**

- Deutlich machen, wer das Sagen hat
- Zeichen der Macht setzen
- Überlegenheit demonstrieren

## 1.19   Was du tust, bedenke das Ende

*Die Redewendung ist bei dem altgriechischen Fabeldichter Äsop, aber auch im alttestamentlichen Buch Jesus Sirach zu finden.*

„Bedenke das Ende", heißt es in einer leicht gekürzten lateinischen Sentenz. Manager müssen Entscheidungen oft schnell und zeitnah treffen, da bleibt wenig Spielraum für analytische Bewertung. Noch weniger Zeit bleibt für die Frage: Welche Konsequenzen haben am Ende meine Entscheidungen und Handlungen? Sollte ich besser vom Ende her denken und jedes Risiko ausschließen? Andererseits hieße das aber auch, auf Chancen und Gelegenheiten zu verzichten. Sollte man also doch vorher alles abwägen? Daran führt wohl kein Weg vorbei, denn wer nicht fahrlässig oder leichtsinnig handeln will, muss auch das Ende mitbedenken. Negativ-Beispiele aus der Wirtschaft, wo diese Handlungsmaxime unterlaufen wird, gibt es immer wieder. Wer alles auf eine Karte setzt, handelt nicht nur verantwortungslos, er geht auch ein unberechenbares Risiko mit unabsehbaren Folgen ein.

▶ **Tipps und Ratschläge**

- Konsequenzen mit bedenken
- Verschiedene Szenarien entwerfen
- Gegenmaßnahmen und Auffangmöglichkeiten überprüfen
- Risikoabschätzung vornehmen
- Sicherheitsmechanismen installieren
- Sachverständige und Experten befragen
- Entscheidungen gründlich abwägen
- Keine vorschnellen Entscheidungen treffen

## 2.1 Die Gelegenheit beim Schopf fassen

*Diese Redewendung hat ihren Ursprung in der griechischen Mythologie und geht auf ein Bild des griechischen Gottes Kairos zurück.*

Managern stehen nicht immer die Götter zur Seite. Auch der Gott Kairos aus der griechischen Mythologie ist nicht immer zur Stelle. Dennoch gilt er als der Gott der „günstigen Gelegenheiten". Ihn hat ein griechischer Bildhauer mit einem lockigen Haarschopf dargestellt, deshalb der Ausdruck „… beim Schopf fassen." Gemeint ist jedoch, den günstigen Augenblick zu erkennen, zuzugreifen, rasch zu handeln, eben die Gelegenheit zu nutzen, die wahrscheinlich so nicht wiederkehrt. Diese Redewendung kann auf fast alle Bereiche übertragen werden, wo schnelles Handeln und rasche Entscheidungen gefragt sind. Ein Brief an Einkäufer/Verkäufer könnte mit dieser Redewendung beginnen und sie dazu auffordern nach Gelegenheiten am Markt zu suchen, oder vorhandene besser auszuschöpfen.

▶ **Tipps und Ratschläge**

- Chancen wahrnehmen
- Möglichkeiten ausloten
- Zufälle nutzen
- Aufmerksamkeit üben
- Rasches Handeln

© Springer Fachmedien Wiesbaden GmbH 2017

R. Leonhardt, *Klassische Mythologie für Manager,* essentials,

DOI 10.1007/978-3-658-16283-2_2

## 2.2 Von nichts kommt nichts

*Diese Worte gehen auf die philosophische These „ex nihilo nihil fit" bei Aristoteles, Lukrez und Thomas von Aquin zurück.*

Es muss ja nicht der Totaleinsatz sein, aber ein wenig mehr Anstrengung und Zielstrebigkeit können nicht schaden. Was für die Philosophie zum Lehrsatz geworden ist („Aus nichts wird nichts"), sollte auch im Business gelten. Gemeint sind keineswegs nur Gewinnstreben und Wertsteigerung, sondern der planvolle und gezielte Einsatz vorhandener Ressourcen und Mittel. Bedeutende Denker wie Aristoteles, Lukrez und Thomas von Aquin haben diesen Lehrsatz übernommen und in ihr philosophisches und dichterisches Konzept eingefügt. Wir sehen sehr oft nur den äußerlichen Erfolg, nicht aber die Leistung und Anstrengung, die dahintersteckt. Blickt man genauer hin, bestätigt sich diese These.

▶ **Tipps und Ratschläge**

- Anstrengung und Zielstrebigkeit führen zum Erfolg
- Den Einsatz vorhandener Ressourcen und Mittel planen
- Konzeptionell denken und handeln
- Kreative Prozesse freisetzen und neue Potenziale etc. erschließen

## 2.3 Schuster, bleib bei deinem Leisten!

*Zitat aus einer Anekdote des römischen Historikers Plinius des Älteren.*

Wenn jemand über genügend Kapital verfügt, um sich auf einem neuen Geschäftsfeld zu betätigen, er aber über unzureichende Fachkenntnisse verfügt, so kann er leicht Schiffbruch erleiden. Dazu gibt es unzählige Beispiele. Die mahnenden Worte „Schuster, bleib bei deinem Leisten!" können deshalb nicht oft genug ausgesprochen werden. Mangelndes Wissen, unzureichende Sachkenntnis und falsche Informationen führen schnell zu Pleiten und Firmenzusammenbrüchen. Ganz so dramatisch geht es beim römischen Historiker Plinius dem Älteren nicht zu. Er erzählt die Geschichte von einem Maler, der von einem Schuhmacher darauf hingewiesen wird, einen Schuh nicht korrekt abgebildet zu haben. Doch damit nicht genug. Der Schuhmacher erweist sich als strenger Kritiker, der auch noch andere Dinge am Bild bemängelt. Da platzt dem Maler der Kragen und er verweist den Schuster mit den Worten „Nicht, Schuster, über die Sandale hinaus!" in seine Schranken – womit er deutlich machen will, dass der Schuster von der

Malerei nichts verstehe und sich deshalb auch kein Urteil erlauben kann. Klare Worte! Was für Schuhmacher gilt, gilt auch für alle anderen. Wer von fremden Dingen nichts versteht, der sollte lieber sein Geschäft betreiben und nicht mit Besserwisserei andere belehren wollen.

▶ **Tipps und Ratschläge**

- Ungenügende Sach- und Fachkenntnisse können den geschäftlichen Erfolg mindern.
- Das eigene Metier nicht ohne zwingenden Grund verlassen
- Wer sich auf fremden Geschäftsfeldern tummeln will, der sollte sich vorher ausreichend informieren
- Unzureichende Marktkenntnisse können fatale Folgen haben

## 2.4   Der springende Punkt

*Zitat aus der „Tierkunde" von Aristoteles.*

„Der springende Punkt" ist eine oft benutzte Redewendung. Punctum saliens, wie es auf Latein heißt, geht auf Aristoteles zurück. In seiner Tierkunde spricht Aristoteles davon, dass sich im Weißen des Eies das Herz eines werdenden Vogels als „Blutfleck" zeige, „… welcher Punkt wie ein Lebewesen hüpft und springt." Mit dem springenden Punkt ist der Mittelpunkt des Lebens, der Punkt, auf den alles ankommt, gemeint. Doch nicht nur das. Der springende Punkt kann überall auftreten und muss nicht immer „von Herzen kommen". Verträge die kurz vor dem Abschluss stehen, scheitern oft an springenden Punkten, weil die Bedingungen nicht klar und die Zusagen ungenau sind. Der springende Punkt lässt sich so leicht nicht unterkriegen und taucht ganz unvermittelt auf. Da heißt es Augen auf, Verträge und Abmachungen genau durchlesen, Zusagen überprüfen und Hindernisse ausräumen. Erst wenn Klarheit und Verbindlichkeit in allen Punkten besteht, sollte man unterschreiben.

▶ **Tipps und Ratschläge**

- Verträge genau prüfen
- Es muss Klarheit und Verbindlichkeit in allen Punkten bestehen
- Hindernisse ausräumen
- Transparenz anstreben

## 2.5    Die Würfel sind gefallen

*Ausspruch von Julius Cäsar, überliefert vom lateinischen Schriftsteller Sueton.*

„Mag es auch allen schwer gefallen sein, an der Entscheidung gibt es nichts mehr zu rütteln. Punktum." Das waren die letzten Worte des Vorsitzenden und damit wurde die Entscheidung rechtskräftig. Nun sind die Konsequenzen der Entscheidung umzusetzen und auszuhalten. Schließlich gibt es kein Zurück mehr. Wer hat uns nur dieses Zitat eingebrockt? Es war kein Geringerer als Julius Cäsar, der Tyrann. Als er bereits seinen Zenit überschritten hatte, musste er wohl diese Worte gesprochen haben. Der lateinische Schriftsteller und Cäsarbiograf Sueton hat sie für uns aufbewahrt. In der Geschäftswelt hingegen sieht es etwas anders aus. Da werden Entscheidungen, die unwiderruflich getroffen wurden, dann doch wieder revidiert oder ganz zurückgenommen. Schließlich gibt es keine Götter mehr, denen man sich schicksalhaft verbunden weiß – wie einst bei Cäsar. Der Ausdruck ist daher mit einer Schicksalsfrage verknüpft, die in modernen Unternehmen so nicht mehr gestellt wird.

▶    **Tipps und Ratschläge**

* Vorschnelle Entscheidungen vermeiden
* Schicksalsentscheidungen gibt es immer weniger
* Entscheidungen und Beschlüsse werden häufig revidiert oder ganz zurückgenommen
* Nichts dem Zufall überlassen

## 2.6    Auf Messers Schneide stehen

*Zitat aus dem Versepos „Ilias" des altgriechischen Dichters Homer, 10. Gesang, Vers 173 und 174.*

„… denn nun steht es allen fürwahr auf der Schärfe des Messers…", heißt es in der „Ilias" des altgriechischen Dichters Homer. Und wer es genau wissen will, der lese nach: 10. Gesang, Vers 173 und 174. Die Bezeichnungen „Schärfe" und „Messer" deuten die heikle Situation an, in der man sich möglicherweise befindet und dessen kritischer Punkt erreicht ist. In einer solchen Situation entscheidet sich, ob eine Sache scheitert oder Erfolg haben wird. Es steht also „auf Messers Schneide", so die volkstümliche Bezeichnung einer prekären Situation. In der Businesswelt gehören solche Situationen zum Alltag. Vieles steht dort auf „des

Messers Schneide" und kann noch im letzten Augenblick kippen. Geschäfte können noch im letzten Moment platzen und Vertragsverhandlungen scheitern. Ist erst einmal alles unter Dach und Fach, kann durchgeatmet werden. Weit dramatischer geht es in der „Ilias" zu, jenem Epos aus dem 8. Jahrhundert vor Christus, das Homer unsterblich machte. Als erste erhaltene Dichtung des Abendlandes ist es seitdem die ideale Schullektüre höherer Klassen, denn dieses Werk hatte einen enormen Einfluss auf die griechische Sprache, Literatur und Kultur. Was Homer Ruhm bescherte, macht Schülern das Leben schwer. Jedoch – das Kampfgetümmel zwischen den Griechen und Illion (= Troja) übt nach wie vor noch Faszination aus. Wohl auch deshalb ist man von dieser Lektüre noch nicht abgewichen. Wir wollen den Stoff aber nicht weiter vertiefen und halten uns lieber an das vorgenannte Zitat, dessen „Schärfe" uns einleuchtet.

▶   **Tipps und Ratschläge**

- Wenn ein kritischer Punkt erreicht wird
- Alles kann noch im letzten Augenblick scheitern
- Wenn ein unkalkulierbares Restrisiko besteht
- Wenn alles auf dem Spiel steht

## 2.7   Eine Hand wäscht die andere

*In dem Schelmenroman „Satyricon" des römischen Schriftstellers Petronius Arbiter findet sich diese Redensart in lateinischer Sprache. Später wurde sie von Johann Wolfgang von Goethe in seinem Gedicht „Wie du mir, so ich dir" übernommen.*

Von Seneca über den römischen Schriftsteller Pretonius Arbiter bis hin zu Johann Wolfgang von Goethe zieht sich die Spur dieses Zitats. Manus manum lavat war denn auch ursprünglich die lateinische Fassung, die in abgewandelter Form in dem Schelmenroman „Satyricon" von Petronius Arbiter auftauchte und später von Goethe in dem Gedicht „Wie du mir, so ich dir" übernommen wurde. Vorsicht ist jedoch bei der praktischen Umsetzung dieser Redensart geboten. Vermuten doch viele dahinter unsaubere Geschäfte. Außerdem wird den Beteiligten Manipulation und Komplizenschaft vorgeworfen. Zum Teil also strafrechtlich relevante Tatbestände- wenn sie denn an die Öffentlichkeit kämen. Harmloser dagegen sind Gefälligkeiten und da dürfen wir uns ruhig auf den Staatsminister Goethe berufen, der folgenden Vers darauf schmiedete: „Hand wird nur von Hand gewaschen; Wenn du nehmen willst, so gib!" Also bitte schön das Geben nicht vergessen! Doch auch dies birgt gelegentlich Gefahren, denn schnell gerät der Geber in ein Abhängigkeitsverhältnis. Statt einer fairen Partnerschaft entsteht nun eine Interessensgemeinschaft, ein Zweckbündnis mit überhöhten Erwartungen und Forderungen.

▶ **Tipps und Ratschläge**

- Wenn keine sonstigen Verpflichtungen bestehen, sind Gefälligkeiten erlaubt
- Kein Abhängigkeitsverhältnis eingehen
- Faire Partnerschaft nicht durch Zweifelhafte Geschäftspraktiken gefährden
- Strafrechtlich relevante Handlungen unterlassen

## 2.8 Das Angenehme mit dem Nützlichen verbinden

*Das Zitat geht auf den Vers 343 der „Ars poetica" des Dichters Horaz zurück.*

Haben Sie schon einmal etwas von der „Ars poetica" gehört? Nein? Aber der Ausspruch ist Ihnen geläufig. Schön. Dann kennen Sie eines der wohlklingendsten Zitate der Antike. Kein Geringerer als Horaz hat in seinen Versen jene gelobt, die es vermochten, das Angenehme mit dem Nützlichen zu „vermischen". Klingt gut und ist gut. Denn was für die Dichter der Antike galt, muss erst recht für uns heute gelten. Sie wissen es ja selbst am besten: Eine angenehme Gesprächsatmosphäre, ein wohltuendes Ambiente, ein entspanntes Begleitprogramm machen die Geschäftsbeziehungen umso erfolgreicher.

▶ **Tipps und Ratschläge**

- Geschäftstreffen vorbereiten
- Kontakt zu Geschäftspartnern vertiefen
- Geschäftsbeziehungen fördern
- Programm für Geschäftsfreunde gestalten
- Geschäftsreisen planen
- Für eine gute Atmosphäre sorgen

## 2.9      Gleiches mit Gleichem vergelten

*In dem Lustspiel „Mercator" fällt der Satz „ut par pari respondeas". Der römische Komödiendichter Plautus hat ihn in dem Stück einfließen lassen.*

In dem Stück werben Vater und Sohn um die Gunst eines Mädchens. Beide stehen in Konkurrenz zueinander und versuchen mit den gleichen Mitteln, mit der gleichen Taktik und List das Mädchen für sich zu gewinnen. Sie schenken sich dabei nichts. Im Alten Testament heißt es unter 2. Moses 21,24 „Auge um Auge, Zahn um Zahn". Der Satz galt lange als Legitimation für jene, die es mit Recht und Gesetz nicht so genau nahmen und einfach nur Rache nehmen wollten. Heute wird das mosaische Gesetz eher in einem neutestamentlichen Zusammenhang gedeutet, wo es mehr um Versöhnung, Koexistenz und Friedfertigkeit geht. Auch in der Wirtschaft muss es die Bereitschaft zu Nachsicht, Friedfertigkeit und Kooperation geben – vor allem aber um die Einhaltung von Recht und Gesetz. Wäre es anders, hätte unsere Zivilisation bald ausgedient.

▶   **Tipps und Ratschläge**

- Auf Nachsicht, Verständnis und Rücksichtnahme setzen
- Recht und Gesetz einhalten; dies auch vom Mitbewerber einfordern
- Rachegedanken sind kontraproduktiv
- Eventuell Wiedergutmachung und Entschädigung in Aussicht stellen

## 2.10     Sich in die Höhle des Löwen wagen

*Redensart aus der Fabel „Der Löwe und der Fuchs" des altgriechischen Fabeldichters Äsop.*

Wer sich in die Höhle des Löwen wagt, der sollte Entschlossenheit, Mut und Standhaftigkeit mitbringen. Furcht sollte er nicht haben. Im Gegenteil, durch entschlossenes und beherztes Auftreten kann derjenige sich Respekt und Achtung verschaffen und die Gefahr abmildern. In der Fabel „Der Löwe und der Fuchs" des altgriechischen Fabeldichters Äsop läuft es hingegen anders. Da wagt sich das Füchslein erst gar nicht in die Höhle hinein, denn es sieht mit Erschrecken wie Tierspuren in die Höhle hineinführen, aber nicht wieder hinaus. Damit ist klar, was mit dem Füchslein geschehen könnte, sollte es die Höhle betreten. Wie paralysiert steht es vor dem Eingang und wagt nicht den ersten Schritt. Es fehlt ihm eben jener beherzte Mut, der nötig ist, um alle Kräfte zu sammeln und der Furcht zu trotzen.

▶ **Tipps und Ratschläge**

- Mit Selbstbewusstsein und Standfestigkeit auftreten
- Entschlossenheit und Wagemut zeigen
- Mit beherzten Mut und Furchtlosigkeit an eine Sache herangehen

# Marketing

**3**

## 3.1 Jeder Krämer lobt seine Ware

*Ausspruch aus dem Buch des römischen Dichters Horaz.*

Warum auch nicht? Das ist doch selbstverständlich, schließlich will der Krämer seine Ware auch verkaufen. Doch Vorsicht, wer etwas allzu sehr über den grünen Klee lobt und seine Produkte vorbehaltslos als die allerbesten anpreist, der erntet meist Skepsis und Ablehnung. Es könnte ja sein, dass sich hinter dem aufgeputzten Angebot ein Ladenhüter verbirgt, die Qualität nicht den Erwartungen entspricht und das Preis-Leistungs-Verhältnis zu wünschen übrig lässt. Ob man schon im Altertum von dieser Art der Warenpräsentation wusste? Anscheinend, denn schon der römische Dichter Horaz beklagte sich in seinen poetischen Briefen über derlei Gepflogenheiten. Wir wollen dem nichts hinzufügen und appellieren an alle Kaufleute: Bietet nur Ware an, von der ihr auch überzeugt seid!

▶ **Tipps und Ratschläge**

- Mit Qualität überzeugen
- Optimales Preis-Leistungs-Verhältnis anstreben
- Mit Seriosität werben
- Auf Dauer gewinnt nur der Ehrliche

© Springer Fachmedien Wiesbaden GmbH 2017
R. Leonhardt, *Klassische Mythologie für Manager,* essentials,
DOI 10.1007/978-3-658-16283-2_3

## 3.2    Es bleibt immer etwas hängen

*Bei Francis Bacon findet sich diese Redensart zuerst; ihren Ursprung könnte sie aber auch in den Schriften des griechischen Schriftstellers und Philosophen Plutarch haben.*

Die Herkunft dieses Zitats lässt sich nicht eindeutig bestimmen. Bei Plutarch heißt es: „Audacter calumniare semper aliquid haeret" – „Verleumde nur dreist, etwas bleibt immer hängen". Ganz ähnlich ist auch beim englischen Staatsmann Francis Bacon zu finden. Der Inhalt ist jedem sonnenklar. Einmal den Ruf verloren – immer verloren. Markenprodukte und Firmenimages müssen darum gepflegt und von Zeit zu Zeit aufpoliert werden. Manchmal reicht schon die kleinste Nachlässigkeit aus, um ein Unternehmen oder ein Produkt in Misskredit zu bringen. Unter Umständen braucht es viele Jahre, um das Vertrauen der Kunden wiederzugewinnen. Außerdem kann der Vertrauensverlust viel Geld kosten, weil möglicherweise Bestellungen und Aufträge ausbleiben. Wenn erst einmal das Firmenimage ramponiert ist, hilft auch die beste Werbekampagne nichts mehr.

▶ **Tipps und Ratschläge**

- Markenprodukte und Firmenimages pflegen
- Wirksame Öffentlichkeitsarbeit betreiben
- Für eine gute Presse sorgen
- Negativschlagzeilen vermeiden

## 3.3    Nicht mit Gold aufzuwiegen sein

*Abgewandeltes Zitat aus der Komödie „Baccides" von Plautus.*

Es gibt Dinge, die sind einfach unbezahlbar und auch mit Gold nicht aufzuwiegen. So ist das Kapital vieler Firmen ein treuer Kundenstamm, ebenso das Fachwissen seiner Mitarbeiter und der gute Ruf, den es sich im Laufe der Jahre erworben hat. Markenprodukte partizipieren von diesen Werten ganz besonders. All dies ist unbezahlbar und mit Gold nicht aufzuwiegen, denn es sind immaterielle Werte, für die es keinen regulären Preis gibt. Möglich, dass dies auch schon die Menschen in der Antike erkannten. In der Komödie „Baccides" heißt es: „Diesen Menschen sollte man mit Gold aufwiegen", womit die Besonderheit und Einzigartigkeit jenes Menschen ausgedrückt werden soll.

▶ **Tipps und Ratschläge**

- Markenprodukte genießen beim Kunden eine besondere Wertschätzung
- Das Image eines Unternehmens trägt zum Erfolg bei
- Immaterielle Werte sind unbezahlbar
- Ein treuer und zuverlässiger Kundenstamm ist durch nichts zu ersetzen

# Wirtschaft: Realität + Visionen $\quad$ 4

## 4.1 Eine Schwalbe macht noch keinen Sommer

*Vermutlich ein Zitat des Fabeldichters Äsop.*

Wer glaubt, dieses Sprichwort sei jüngeren Datums, der irrt. Zwar finden wir jenes Zitat auch im Englischen („One swallow does not make a summer") oder Französischen („Une hirondelle net fait pas le printemps"), müssen aber weit zurück in die Vergangenheit gehen, um auf den Urheber zu stoßen. Die Vermutung liegt nahe, dass der griechische Fabeldichter Äsop als Autor genannt werden muss. Er erzählt von einem Jüngling, der im Frühjahr eine erste Schwalbe sieht und meint, der Winter sei nun zu Ende, und daraufhin leichtfertig seinen Mantel verkauft. Als er aber später jene Schwalbe erfroren am Boden liegen sieht, fühlt er sich betrogen. Was können wir aus dieser Fabel lernen? Nun, wer wollte sich nicht auf den Frühling freuen und beim ersten Anzeichen Mantel und Pullover wegwerfen? Die Vorsichtigen unter uns warten erst einmal ab. Sie wissen, die ersten Anzeichen können trügen und es kann schnell zu einem erneuten Wintereinbruch kommen. Man muss kein Meteorologe sein, um solche Vorhersagen zu treffen. Alles schon da gewesen, könnten jene sagen, die lieber noch Mantel und Pullover griffbereit halten. Wer also zu den leichtgläubigen gehört und beim ersten Anzeichen eine grundsätzliche Wende erhofft, der darf sich nicht wundern, wenn das Gegenteil eintritt und die positive Stimmung kippt. Ähnliche Prozesse laufen auch in der Wirtschaft ab. Hier werden Stimmungsumschwünge, positive Anzeichen und hoffnungsvolle Einzelfälle genau registriert und in Prognosen umgewandelt. Oft zu früh und unzureichend untersucht, werden diese Prognosen nicht selten von der Realität wieder eingeholt und schließlich zurückgenommen.

© Springer Fachmedien Wiesbaden GmbH 2017 $\qquad$ 27
R. Leonhardt, *Klassische Mythologie für Manager,* essentials,
DOI 10.1007/978-3-658-16283-2_4

▶ **Tipps und Ratschläge**

- Vorschnelle und übereilte Prognosen werden von der Realität oft eingeholt

## 4.2    Der Krieg ist der Vater aller Dinge

*Zitat des altgriechischen Philosophen Heraklit.*

Ein immerwährender Kampf um Werden und Vergehen bestimme das Weltgeschehen, so das Fazit des Philosophen Heraklit, daher sei der Krieg der Vater aller Dinge. Sollte man nun aus dem berühmten Satz schließen, dass der Krieg legitim und erstrebenswert sei? Die positive Konnotation dieses Satzes wurde noch im letzten Jahrhundert als Grundlage für eine politisch-aggressive Staatspolitik missbraucht. Bis zum Ausbruch des Ersten Weltkriegs war der Krieg durchaus eine Fortsetzung der Politik mit anderen Mitteln, und damit so etwas wie ein Naturgesetz. Krieg war eine Option. Neutralisiert man hingegen den Begriff, so kann man den Krieg auch als einen Kampf gegensätzlicher und unterschiedlicher Kräfte verstehen. Es ergibt sich ein anderes Bild. Nicht die Eroberung oder Vernichtung des Gegners steht im Mittelpunkt, sondern die Auseinandersetzung um die besseren Mittel, Strategien und Resultate. Gibt es also doch eine positive Seite des Krieges? Ja und nein, letztendlich entscheidet die Verhältnismäßigkeit darüber, ob es sich lohnt einen Krieg zu führen und dabei Opfer und Zerstörung in Kauf zu nehmen. Wenn der Krieg als eine Auseinandersetzung um die besseren Standpunkte und Antworten geführt wird, wenn es also keine Opfer und Verlierer gibt, dann ist dieser Kampf für alle nützlich.

▶ **Tipps und Ratschläge**

- Fairness und Respekt vor dem Gegner zeigen
- Fairen Wettbewerb unter allen Beteiligten ermöglichen
- Einen Kampf ohne Opfer und Verlierer führen

# Persönlichkeit

**5**

## 5.1  Sich mit fremden Federn schmücken

*Ähnliche Zitate finden sich in der Fabel „Die Dohle und die Eule" des Griechen
Aisopos und bei dem Römer Phaedrus wieder.*

Es ist nie gut, wenn Sie sich mit den Leistungen und Verdiensten der anderen schmücken, besonders dann nicht, wenn es sich auch noch um ihre Vorgesetzten handelt. Möglich, dass man am Erfolg der anderen entscheidenden Anteil hatte und auch in erheblichem Maße mit seinem Fachwissen dazu beigetragen hat. Doch wäre es taktisch unklug, den Erfolg persönlich einzuheimsen. Machen Sie sich stattdessen für Ihre Vorgesetzten zu einem unentbehrlichen Helfer, Leistungsträger und Könner. Denn sein Erfolg könnte auf lange Sicht auch Ihr Erfolg werden. Der Aufstieg Ihres Vorgesetzten kann also auch einen Aufstieg Ihrerseits nach sich ziehen. Plötzlich fallen neue Aufgaben und Anforderungen an. Außerdem ist die Stelle gut dotiert und ein weiterer Baustein auf Ihrem Karriereweg. Die bekannte Redensart hat inzwischen europäisches Format erreicht und ist in der englischen, französischen und dänischen Sprache geläufig. Karriere kennt eben keine Grenzen. Woher kommt die Redensart? Wer ist ihr Verfasser? Die Quellenforschung weist eine ähnliche Redensart in der Fabel „Die Dohle und die Eule" des Griechen Aisopos und beim Römer Phaedrus auf, der von einer Krähe erzählt, die sich mit schönen Pfauenfedern schmückt. Verzichten Sie auf solche Eitelkeiten. Eine reife und leistungsstarke Persönlichkeit wie Sie hat keinen Federschmuck nötig.

© Springer Fachmedien Wiesbaden GmbH 2017
R. Leonhardt, *Klassische Mythologie für Manager,* essentials,
DOI 10.1007/978-3-658-16283-2_5

▶  **Tipps und Ratschläge**

- Der Erfolg Ihres Vorgesetzten könnte auf lange Sicht auch Ihr Erfolg werden
- Ihrer Leistungen und Talente müssen Sie nicht verstecken
- Eine reife und leistungsstarke Persönlichkeit hat „fremden Federschmuck" nicht nötig

## 5.2    Ein Damoklesschwert über sich hängen haben

*Zitat aus einer Erzählung über den Höfling Damokles; die antiken Autoren Cicero und Horaz werden gleichermaßen als Urheber genannt.*

„Das Glück hängt oft an einem seidenen Faden", so lautet ein anderes Sprichwort. Beide Sprichwörter machen deutlich, dass unsere Glücksphase ein schnelles Ende haben kann und der äußeren Bedrohung ausgesetzt ist. Die äußere Bedrohung kommt sinngemäß einem Damoklesschwert gleich, das über unseren Köpfen hängt. Am anschaulichsten berichten die antiken Autoren Cicero oder Horaz darüber. Sie erzählen folgende Parabel: Am Hofe des Tyrannen Dionys I. von Syrakus (um 400 v. Chr.) gab es einen Günstling namens Damokles. Dieser Damokles beneidete seinen Herrscher um dessen Machtfülle und Prachtentfaltung. Damokles wähnte den Herrscher im Glück. Bei einem Festmahl am Tisch des Tyrannen ließ Dionys I. ein Schwert über das Haupt von Damokles anbringen. Dieses Schwert war lediglich an einem Pferdehaar befestigt und konnte jederzeit herabfallen. Mit dieser Vorrichtung sollte Damokles die Brüchigkeit und äußere Bedrohung des Glückes vor Augen geführt werden. Zweifellos eine waghalsige Demonstration! Und doch trifft es genau den Punkt. Das Glück ist kein Dauerzustand, auf den wir uns einstellen können. Es hält meist nur eine kurze Zeit an und verflüchtigt sich dann wieder. Was lernen wir daraus? Überbewerte deine Glücksphase nicht und spiele nicht mit dem Glück. Es kann schnell vorüber sein.

▶  **Tipps und Ratschläge**

- Die Bedrohung des Glückes erkennen
- Das Glück ist kein Dauerzustand, auf den wir uns verlassen können
- Bleibe Realist und halte dich ans Machbare
- Spiele nicht mit dem Glück und fordere es nicht heraus

## 5.3     Sich die ersten Sporen verdienen

*Sporen sind bereits seit der Antike bekannt und prägen daher diese Redensart.*

Seit der Antike kennt man zum Antreiben der Pferde Sporen. Im Mittelalter gehören sie zur Grundausstattung der Rittersleute. Goldene Sporen waren Zeichen einer besonderen Ritterwürde und gesellschaftlichen Stellung. Die Bezeichnung verwenden wir heute vor allem bei jenen, die sich erste Erfolge und Anerkennung verschafft haben. Darunter sind viele Berufsanfänger, Einsteiger und Karrieristen. Doch ist es nicht so leicht, Aufmerksamkeit und Anerkennung zu finden. Besonders Berufsanfänger müssen sich die „ersten Sporen" hart verdienen, denn die Wege nach oben sind nicht immer mit Asphalt gepflastert. Gut, wenn man jemanden an seiner Seite weiß, der hilft und nützliche Ratschläge gibt. Das gilt für Berufs- und Privatleben gleichermaßen. Doch wer nicht wagt, der nicht gewinnt. Wer vom Pferde fällt und hart auf den Boden stürzt, der lernt auch das schnelle Aufstehen wieder.

▶   **Tipps und Ratschläge**

- Ratschläge und Hilfe annehmen
- Sich nicht entmutigen lassen
- Das „Aufstehen" lernen

## 5.4     Jeder ist seines Glückes Schmied

*Das Zitat taucht in ähnlicher Formulierung bei verschiedenen Autoren auf: zunächst bei dem römischen Konsul Appius Claudius Caecus, dann bei dem römischen Komödiendichter Plautus und zuletzt bei Gottfried Keller in „Der Schmied seines Glückes" aus der Sammlung „Die Leute von Seldwyla".*

Gleich mehrere Autoren warten mit dieser Redensart auf. Zunächst finden wir eine ähnliche Bemerkung beim römischen Konsul Appius Claudius Caecus, dann beim römischen Komödiendichter Plautus und zuletzt bei Gottfried Keller in „Der Schmied seines Glückes". Ihnen allen ist der Sinn dieses Spruches gemein. Sich selbst sein Glück zu schaffen ist mehr als nur eine Herausforderung, es ist eine Aufgabe. Bekanntlich fällt das Glück nicht vom Himmel. Wer jedoch mit offenen Augen durch die Welt geht, wer seine Chancen erkennt und seine Möglichkeiten auslotet, der hat das Glück stets in Griffweite. Das Glück ist, wie wir alle wissen, ein zartes Pflänzlein. Es geht schnell ein, wenn man es nicht pflegt; was heißen soll: Nur wer achtsam und sorgsam mit seinem Leben umgeht, der wird auch Glücksmomente erleben. Und sollten diese nicht eintreten, so kann man ja ein wenig nachhelfen. So ist es nicht nur im Berufsleben wichtig, die richtigen Leute zu kennen, Kontakte zu knüpfen, Verbindungen aufzubauen, Freundschaften zu pflegen. Wer nichts dem Zufall überlässt, der findet eher sein Glück. Kurz: Schmiede dir dein Glück selbst und du wirst es bekommen! – Chancen und Möglichkeiten ausloten.

▶ **Tipps und Ratschläge**

* Achtsamkeit und Sorgfalt bereiten dem Pflänzlein Glück einen guten Boden
* Dem Glück nachhelfen und sich nicht auf den Zufall verlassen

## 5.5    Den Rubikon überschreiten

*Die Redewendung geht auf den römischen Konsul Julius Cäsar zurück.*

Manchmal ist es notwendig, den Rubikon zu überschreiten, auch wenn das Risiko hoch und ein Scheitern nicht auszuschließen ist. Allerdings sollte man dann voll und ganz hinter seiner Entscheidung stehen und etwaige Zweifel ausschließen. So muss es wohl auch der römische Konsul Julius Cäsar gesehen haben. Er wollte seine Stellung gegenüber Pompejus behaupten und ausbauen. Um ein Zeichen seiner Stärke zu setzen, entschloss er sich mit seinem Heer den Fluss Rubikon, der Italien von der Provinz Gallia Cisalpina trennt, zu überschreiten. Ein waghalsiges Unternehmen! Doch das Kalkül ging auf: es kam in der Bevölkerung zu Unruhen, schließlich zu einem Bürgerkrieg, der die Macht Cäsars absicherte und stärkte. Hätte er es nicht gewagt, den Rubikon zu überschreiten, wäre womöglich alles beim Alten geblieben und seine Macht wäre zerbröckelt.

▶ **Tipps und Ratschläge**

* Die Risiken eines Übertritts abwägen
* Mit Entschlusskraft und Tatendrang vorangehen
* Mit vereinten Kräften auftreten

## 5.6    Mögen sie mich hassen, wenn sie mich nur fürchten

*Der Tragödiendichter Lucius Accius hat diesen Ausspruch geprägt.*

Es mag Führungspersönlichkeiten geben, bei deren Erscheinen sich die Gesichter der Mitarbeiter verdunkeln, Fluchtwege ergriffen und Bürotüren verriegelt werden. Nun gibt es diese Spezies zum Glück nicht häufig. Viele Führungskräfte strahlen zwar Autorität und Kompetenz aus, sie muss man aber nicht fürchten. Auch der Staatsmann Tullius Cicero bediente sich der Dichterworte. Möglich, dass er im Staatsapparat mit solchen Leuten zu tun hatte. Besonders Menschen, die kein ausgeprägtes Persönlichkeitsprofil haben versuchen ihre Defizite durch autoritäres und brachiales Auftreten auszugleichen. Sie verbreiten Furcht und Schrecken (man denke an die Tyrannen-Gestalten der Antike), um dadurch an Ansehen und Prestige zu gewinnen. Den Hass ihrer Untergebenen nehmen sie in Kauf und werten ihn als Auszeichnung. Doch geht die Rechnung selten auf. Es kann zwar in bestimmten Situationen nicht schaden Stärke, Durchsetzungsvermögen, vielleicht auch ein wenig Aggression spielen zu lassen, doch sollte dies maßvoll geschehen. Am Ende zählt dann doch wieder das gute Einvernehmen und der respektvolle und vertrauensvolle Umgang miteinander.

▶  **Tipps und Ratschläge**

- Sich auf natürlichem Wege Respekt und Anerkennung verschaffen
- Angst und Furcht vor Vorgesetzten sind kontraproduktiv und trüben das Betriebsklima
- Fachwissen und Sozialkompetenz in den Vordergrund stellen
- Offenheit demonstrieren

# Antike Schlagwörter für Business und Management

**6**

## 6.1 Achillesferse

Kein Mensch sollte glauben unverwundbar zu sein, er könnte sonst einem tödlichen Irrtum erliegen. So ist es jedenfalls dem Kind Achill ergangen, das von seiner Mutter Thetis in einen Fluss der Unterwelt gebadet wurde, damit es unverwundbar werde. Um nicht von den Fluten mitgerissen zu werden, hielt sie das Kind an den Beinen fest und verdeckte dabei seine Fersen. Von nun an war das Kind an jenen Stellen seines Körpers verwundbar. Tatsächlich traf ein Pfeil des Paris die Ferse des Kindes und tötete es.

▶ Man sollte seine verwundbaren Stellen kennen, damit man sich bei einem Angriff besser schützen kann. Auch sollte man nicht so hochmütig sein, sich für unverwundbar zu halten.

## 6.2 Argusaugen

Fühlen Sie sich manchmal auch von Argusaugen beobachtet? Der Eindruck kann entstehen, wenn uns jemand mit scharfem und ausdauerndem Blick beobachtet. Es müssen keine hundert Augen sein, wie beim hundertäugigen Riesen Argos aus der griechischen Sagenwelt, es genügen schon zwei. Mit Augen kann man Menschen bewachen und im Zaum halten. Der griechische Dichter Aischylos hat in seiner Tragödie „Die Schutzflehenden" davon erzählt. Darin bewacht Argos, die von Hera in eine Kuh verwandelte Io, sie ist die Geliebte von Zeus. Verständlich. Wenn es aber zur Dauerüberwachung kommt, wie es vielfach in unserer Zeit über

© Springer Fachmedien Wiesbaden GmbH 2017
R. Leonhardt, *Klassische Mythologie für Manager,* essentials,
DOI 10.1007/978-3-658-16283-2_6

Videokameras geschieht, melden sich bei den meisten das Unbehagen und der Protest.

▶ Niemand möchte ständig mit Argusaugen beobachtet werden und Mitarbeiter wollen keinen hundertäugigen Aufpasser an ihrer Seite haben.

## 6.3    Ariadnefaden

Manchmal wäre ein Ariadnefaden hilfreich, um sich im Wirtschaftslabyrinth, mit seinen vielfältigen und komplexen Verzweigungen, zurechtzufinden. Ein Wollknäuel in der Hand, an dessen Faden man sich hindurchlavieren könnte, wäre ideal. In der Sage des römischen Dichters Ovid geht es ebenfalls verwirrend zu, jedoch findet alles ein gutes Ende – dank des Ariadnefadens! Ariadne ist die schöne kretische Königstochter, die sich in den Helden Theseus verliebt. Als Theseus es mit dem Minotaurus aufnehmen will und ihn zu töten beabsichtigt, gerät er in ein Labyrinth, aus dem zu entkommen er selber kaum in der Lage gewesen wäre. Dank eines Wollknäuels, das ihm Ariadne in die Hand drückte, konnte er sich mithilfe des Fadens aus der misslichen Lage befreien.

▶ Den Ariadnefaden muss jeder für sich selber finden. Experten und Fachleute können dabei behilflich sein und für mehr Transparenz und Orientierung sorgen.

## 6.4    Carpe diem!

Wer kennt nicht die Übersetzung gleichnamigen Zitats des römischen Dichters Horaz: „Nutze den Tag" oder „Genieße den Augenblick". Für Manager kann beides gelten, einerseits den Tag zu nutzen und andererseits ihn zu genießen. Beides muss sich nicht ausschließen. Die Lebensregel ist also wie geschaffen für die Business- und Managementwelt. Beide Pole haben eine Berechtigung und erzeugen eine Spannung, die es Managern ermöglicht agil zu handeln und am Tagesende lustvoll zu entspannen. Im Idealfall käme Stress erst gar nicht auf und der Burn-out bliebe, was er schon immer war, eine neuzeitliche Erfindung.

▶ Nur eine kluge Lebenskunst führt zu einem erfolgreichen Leben, das wussten bereits die Menschen der Antike.

## 6.5 Kassandraruf

Dass jene Gestalt aus der griechischen Mythologie einmal Karriere machen würde, hätte niemand voraussagen können. Sie hat ihren zweifelhaften Ruf bis heute nicht eingebüßt, denn Kassandrarufe tönen fast täglich aus Wirtschaft und Politik. Homer berichtet in der „Odyssee" von Kassandra und auch bei Vergil in der „Äneis" spielt sie eine Rolle. Was hat es mit dieser Kassandra auf sich? Kassandra konnte sich einst rühmen über die Gabe der Weissagung zu verfügen. Apoll hatte ihr diese Fähigkeit zugesprochen, als er um sie warb. Doch als Kassandra auf das Werben Apolls ablehnend reagierte, schmälerte er ihre Gabe derart, dass man ihren Weissagungen von nun an keinen Glauben mehr schenken konnte. Ihre Warnungen verhallten ungehört.

▶ Kassandrarufer haben seitdem kein gutes Image. Doch wäre es fatal ihre Rufe ungehört verhallen zu lassen, denn es könnte ja an der einen oder anderen Warnung etwas dran sein.

## 6.6 Nonplusultra

Herakles war ein Held der griechischen Mythologie. Als er nach einer langen, beschwerlichen und gefahrvollen Fahrt die Felsen von Gibraltar erreichte, war es für ihn genug. Er glaubte, wie alle anderen altgriechischen Menschen, dass die Bergfelsen von Gibraltar das Ende der Welt markierten. Dem Mythos zufolge soll er die Felsen, die bald schon die „Säulen des Herakles" genannt wurden, mit der Inschrift „Non plus ultra" (nicht noch weiter) versehen haben. Für Herakles war damit die Grenze der Welt erreicht, weiter ging es nicht. Mit dieser Bezeichnung, die auch heute noch häufig verwendet wird, soll ausgedrückt werden, dass man das Äußerste erreicht habe oder aber eine Sache unübertrefflich ist. Andererseits lässt sich aber auch behaupten, dass jene Sache alles andere als unübertrefflich ist und damit das Non plus ultra noch längst nicht erreicht ist. So changiert die Bezeichnung zwischen minimalistischem Ansatz und unübertroffener Höchstleistung.

▶ Man sollte mit der Bezeichnung sorgsam umgehen und nicht vorschnell eine Sache mit dem Prädikat des Non plus ultra bewerten.

## 6.7    Penelopearbeit

Wer kennt nicht jene Mitarbeiter, Kollegen und Teams deren Arbeit nie fertig wird. Sie müssen immer wieder dazu aufgefordert und motiviert werden, die einmal begonnene Arbeit zu einem Ende zu bringen. Meist bleibt aber die Arbeit unvollendet liegen, wird abgebrochen oder gar nicht mehr fortgesetzt. Was für Penelope eine gute Strategie war, kann sich für ein Unternehmen schädlich auswirken. Wie uns der altgriechische Dichter Homer in der „Odyssee" berichtet, muss sich Penelope, die Gattin des Odysseus, der Freier erwehren. Die Freier glauben nicht mehr an die Rückkehr des seit nunmehr 20 Jahren verschollenen Gatten und bedrängen Penelope jetzt umso mehr. Diese will sich jedoch noch nicht entscheiden und behauptet, sie sei mit einer Arbeit beschäftigt, die sie ganz in Anspruch nähme. Es handele sich um die Arbeit an einem Leichentuch, das sie für ihren Schwiegervater Laertes anfertige, so könne sie erst danach eine Entscheidung treffen. Um Zeit zu gewinnen webt sie fleißig am Tage, für jedermann sichtbar. In der Nacht jedoch zieh sie die Fäden wieder auf, sodass das Leichentuch niemals fertig wird.

▶    Schließen Sie durch strikte Vorgaben und zeitliche Begrenzungen Penelopearbeiten von vornherein aus.

## 6.8    Pyrrhussieg

Siege sind nicht gleich Siege. Das musste König Pyrrhus von Epirus erfahren, als er im Jahre 280/279 v. Chr. einen Sieg über die Römer errang. Der Einsatz an Waffen, Soldaten und logistischen Aufwand war enorm, der Blutzoll hoch. Im Grunde war dieser Waffengang mit einem verlustreichen Sieg erkauft. Die Erschöpfung war allen Beteiligten anzumerken, und so konnte man sich weder über einen Triumph noch über eine Siegesfeier freuen. Stattdessen das Bekenntnis: „Noch eine Schlacht gegen die Römer bringt uns den Untergang, wir werden verloren sein."

▶    Nicht immer ist ein Sieg/Erfolg, der teuer erkauft oder mit enormem Aufwand erstritten wurde, auch ein gewinnbringender Sieg.

## 6.9   Sisyphusarbeit

Ausdrücklich wird die Klugheit, aber auch die Verschlagenheit von Sisyphus in der griechischen Literatur gerühmt. Immerhin wurde er Gründer und erster König von Korinth. Bekannt ist er bis heute aber mehr als Namensgeber für das betreffende Schlagwort. Der Überlieferung nach landet Sisyphus bald schon in der Unterwelt. Grund ist ein Rechtsstreit zwischen ihm und dem athenischen König Aithon. Zur Strafe muss der Verdammte (Sisyphus) im Hades einen riesigen Felsbrocken den Berg hinauf wälzen. Doch knapp vor dem Gipfel rollt der Felsbrocken immer wieder zurück an den Fuß des Berges. So wiederholt sich die mühsame und quälende Arbeit immer von neuem, und es besteht wenig Aussicht auf Erfolg. Die schreckliche Strafe scheint kein Ende zu nehmen, und mit der Ruhe ist es für Sisyphus endgültig vorbei.

▶   Eine Sisyphusarbeit ist für keinen Menschen ein Vergnügen. Ziele und Vorgaben sollten daher erreichbar, eine Aufgabe lösbar sein.

## 6.10   Zankapfel

Kann ein Zankapfel einen Krieg heraufbeschwören? Ja, denn einen solchen hat es in der Antike gegeben: den Trojanischen Krieg. Ausgangspunkt war ein Apfel mit der Inschrift „der Schönsten". Es war die Göttin der Zwietracht, so erzählt die griechische Sage, die den Apfel unter die Hochzeitsgäste von Thetis und Peleus warf. Als Motiv, so darf vermutete werden, stand die Verärgerung darüber nicht zur Hochzeitsfeier eingeladen worden zu sein. Es kam zum Streit zwischen Athene, Aphrodite und Hera, denn jede wollte die Schönste sein. Schließlich trat Paris auf den Plan und erkannte den Apfel Aphrodite zu, worauf es wenig später zum Trojanischen Krieg kam. Dies alles kann man bei dem altgriechische Dichter Homer im „Urteil des Paris" nachlesen. Seitdem ist der Zankapfel in der Welt, und es scheint als würde er noch immer Zank und Zwietracht hervorrufen.

▶   Wer einen Zankapfel unter die Leute wirft, darf sich nicht wundern, wenn es zum Streit oder im extremsten Fall zur kriegerischen Auseinandersetzung kommt.

# Was Sie aus diesem *essential* mitnehmen können

- Aus den Mythen Erfahrungen, Erkenntnisse und Wahrheiten schöpfen.
- Die antike Gedankenwelt besser verstehen.
- Altes Bildungswissen auffrischen.
- Anregungen und Inspirationen aus einer Hochzivilisation übernehmen.
- Neue Zusammenhänge zwischen den Mythen von gestern und den Visionen von heute entdecken.

© Springer Fachmedien Wiesbaden GmbH 2017
R. Leonhardt, *Klassische Mythologie für Manager,* essentials,
DOI 10.1007/978-3-658-16283-2

# Kleines Namensregister

**Achilleus** Sohn des Peleus, des Königs von Phthia, und der Thetis

**Aesop** griech. Fabeldichter (um 600 v. Chr.)

**Aischylos** griech. Tragödiendichter (525/524 bis 456/455 v. Chr.)

**Amazonen** Stamm kriegerischer Frauen

**Argos** Sohn des Zeus und der Niobe, erster Nachkomme des Zeus und einer Sterblichen

**Aristoteles** griech. Philosoph (384–322 v. Chr.)

**Caesar, Gaius Julius** röm. Feldherr, Staatsmann (101–44 v. Chr.)

**Cicero, Marcus Tullius** röm. Staatsmann, Redner u. Schriftsteller

**Demeter** alte Göttin des Getreides oder der Erde und der Fruchtbarkeit

**Euripides** griech. Bühnendichter, Tragiker (480–406 v. Chr.)

**Giganten** riesige Nachkommen der Ge und des Uranos

**Helena** Königin von Sparta

**Herakles** Sohn des Zeus und der Alkmene; er wurde von den Römern Hercules genannt

**Heraklit** griech. Historiker (576–480 v. Chr.)

**Hermes** Herold und Bote der Götter und Geleiter der Reisenden

**Herodot** griech. Geschichtsschreiber (485–425 v. Chr.)

**Hesiod** griech. Dichter (um 700 v. Chr.)

**Homer** griech. Dichter der *Ilias* und der *Odyssee*

**Horaz** eigentl. Flaccus Quintus Horatius, röm. Dichter (65–8 v. Chr.)

**Kassandra** trojanische Seherin

**Leto** alte mächtige Göttin orientalischen Ursprungs, Tochter der Titanen Koios und Phoibe

**Livius, Titus** röm. Historiker (59–17 v. Chr.)

**Merkur** römischer Gott der Kaufleute, wurde mit dem griech. Gott Hermes gleichgesetzt

© Springer Fachmedien Wiesbaden GmbH 2017

R. Leonhardt, *Klassische Mythologie für Manager,* essentials,

DOI 10.1007/978-3-658-16283-2

**Neptun** römischer Meeresgott
**Nike** Göttin des Sieges
**Odysseus** König von Ithaka
**Ovid** eigentl. Publius Ovidius Naso, röm. Dichter (43–17 v. Chr.)
**Paris** zweiter Sohn des Priamos und der Hecuba
**Penelope** Gattin des Odysseus
**Platon** griech. Philosoph (427–347 v. Chr.)
**Plutarch** eigentl. Plutarchos, griech. Philosoph (46–120)
**Seneca, Lucius Annaes** röm. Philosoph u. Dichter (4. v. Chr.–65 n. Chr.)
**Sokrates** griech. Philosoph (470–399 v. Chr.)
**Sophokles** griech. Tragödiendichter (495–406 v. Chr.)
**Terentius** auch unter Terenz bekannt, röm. Komödiendichter (190–159 v. Chr.)
**Theseus** König von Athen
**Thetis** Tochter des Nereus und der Doris
**Titanen** erstgeborene Kinder des Uranos und der Ge.
**Vergil** eigentl. Publius Vergilius Maro, röm. Dichter (70–19 v. Chr.)
**Zeus** Herrscher über die olympischen Götter

Philosophie als Inspiration für Manager, Springer Gabler 2016
Klassische Literatur als Inspiration für Manager, Springer Gabler 2015
Seneca – Praktische Philosophie für Manager, Gabler 2002
In Vorbereitung: Das antike Griechenland – eine ökonomische Erfolgsgeschichte

© Springer Fachmedien Wiesbaden GmbH 2017
R. Leonhardt, *Klassische Mythologie für Manager,* essentials,
DOI 10.1007/978-3-658-16283-2